Minimalismus:

MIT WENIGER MEHR FREIHEIT

Inhaltsverzeichnis

Vorweg einmal 2

Kapitel 1: Was ist der Sinn von Minimalismus 4

Kapitel 2: Sag dem Materialismus ade 8

Kapitel 3: Wohnraum: groß genug oder zu groß 16

Kapitel 4: Mach einen Test 18

Kapitel 5: Digitaler Minimalismus 21

Kapitel 6: Gewinn Zeit fürs Leben 25

Schlusswort 30

Impressum 32

VORWEG EINMAL

Verzicht. Ein Wort, das in unserer Gesellschaft meistens als negativ bewertet wird. Aber was heißt das eigentlich?

Für die meisten Leute bedeutet Verzicht, dass damit auch der Spaß im Leben weniger wird, oder dass das Leben schwieriger wird. Zugegeben, viele der modernen Geräte und Erfindungen machen unser Leben wirklich einfacher, es geht schon los mit Elektrizität, aber wissen wir das wertzuschätzen? Und brauchen wir wirklich alle diese neuen Erfindungen und machen sie unser Leben tatsächlich einfacher? Jeder von uns besitzt Dinge, die eigentlich nicht mehr nötig sind. Dinge, die nur herumliegen oder Zeit kosten, vielleicht sogar Geld.

Minimalismus ist ein Wort, das allerdings auch immer häufiger fällt. Die genaue Definition bleibt jedem selbst überlassen, im Grunde genommen geht es einfach darum, weniger Dinge zu besitzen und das Leben zu vereinfachen. Was für manche zunächst wie ein Alptraum klingen mag, hat man doch so lange für alle schönen Dinge gearbeitet und gespart, kann einen Lebensstil bieten, der befreiend wirkt. Nur wenige Leute gehören bisher den Minimalisten an, aber sie werden ständig mehr. Denn Verzicht bedeutet eben nicht immer "Nachteil", er kann auch zum markanten Vorteil werden.

Wir haben uns auf die Suche nach den Wegen des Minimalismus gemacht und für dich ein paar Antworten vorbereitet.

Kapitel 1: Was ist der Sinn

von Minimalismus

Spätestens, wenn du mal wieder umziehst, wirst du merken, dass es sehr lästig ist, alle Dinge einzupacken und die Treppen hinunter zu tragen. Dabei fallen dir bestimmt einige Dinge in die Hände, die du seit dem letzten Umzug fast nie gesehen hast. Oder Dinge, die du nur beim Abstauben zu Gesicht bekommst.

Minimalisten vertreten die Ansicht, dass das Leben viel einfacher wird, wenn man weniger Dinge besitzt. Natürlich sollte man nicht auf die nötigen Sachen verzichten, aber mach dir selbst mal ein Bild von dem, was absolut nötig ist. Brauchst du wirklich fünf Töpfe und vier Bratpfannen (oder mehr)? Brauchst du ein zweites Bücherregal oder solltest du einfach mal im bestehenden Regal ausmisten? Findest du das Souvenir aus dem Spanienurlaub von vor 10 Jahren immer noch toll oder fällt es dir nur zur Last, weil du es regelmäßig abstauben musst?

Minimalisten haben diese Probleme nicht. Sie besitzen nur so viel, wie sie benötigen und sie kaufen auch nur, was absolut nützlich ist. Das heißt nicht, dass Minimalisten in einer Klosterzelle leben, sondern, dass sie ihre kleine Wohnung in fünf Minuten abstauben können, weil nicht viel Zeug herumsteht, es heißt dass sie weniger Geld brauchen und es heißt, dass sie jedem Gästebesuch oder Umzug entspannt entgegenblicken können, weil es nicht viel aufzuräumen oder einzupacken gibt.

Minimalismus bedeutet aber auch den Verzicht auf Zeitverschwendung. Surfst du immer noch im Internet, obwohl du schon seit einer halben Stunde eigentlich was anderes tun wolltest? Minimalisten nehmen sich Zeit für die wichtigen Dinge im Leben. Zeit mit dem Partner, den Kindern, mit Freunden. Dafür wirst du bei kaum einem Minimalisten einen Fernseher im Haus finden. Ein gutes Buch kann viele Fernsehabende ersetzen und es tut nach einem stressigen Arbeitstag gut, einfach die Stille zu genießen.

In wie weit man minimalistisch lebt, bleibt jedem selbst überlassen. Es reicht von regelmäßigem Ausmisten des Hauses bis zu denen, die in einer kärglich eingerichteten Einzimmerwohnung leben. Allerdings haben wir wahrscheinlich Recht, wenn wir sagen, dass ein bisschen Minimalismus niemandem schadet.

In der modernen Welt der entwickelten Länder gibt es alles im Überfluss und wir werden ständig von Konsum umgeben. Werbeanzeigen versuchen uns zu erklären, dass unser Leben ohne ein bestimmtes Produkt kaum möglich sein kann. Tatsächlich?

Der wohl größte Pluspunkt des Minimalismus ist, dass er ein finanziell sehr günstiger Lebensstil ist. Wer nicht viel Wohnraum nutzt und nicht viel einkauft, braucht auch nicht viel Geld. Jeder hat wohl schon mal davon geträumt, was wäre, wenn man mehr Geld hätte. Es muss nicht unbedingt mehr Geld verdient werden, um diese Träume zu realisieren. Manchmal reicht es schon, die Ausgaben zu reduzieren.

Kapitel 2: Sag dem

Materialismus ade

Der Materialismus ist ein klassisches Phänomen unserer entwickelten modernen Gesellschaft. Wir kaufen oft Dinge, die wir eigentlich gar nicht brauchen, wir häufen viele Dinge an und brauchen so immer mehr Platz.

Aber macht uns das eigentlich glücklich?

Sei ehrlich mit dir selbst, wie oft brauchst du etwas tatsächlich und ist es auch wirklich so nötig?

Fang klein an, indem du dein Haus oder deine Wohnung ausmistest. Alles, was du seit einem Jahr nicht mehr gebraucht hast, sollte weg. Du musst aussortierte Sachen nicht gleich wegwerfen, du kannst Dinge auch gut verschenken, spenden oder auf dem nächsten Flohmarkt oder im Internet verkaufen. Willst du etwas nicht aussortieren, obwohl es in diese Kategorie passt? Dann frag dich erst mal warum das so ist. Wenn du Erinnerungen an Erlebnisse damit verbindest, dann solltest du dir trotzdem überlegen, den Gegenstand auszusortieren. Oft reicht es, nur die Fotos von vergangenen Urlauben aufzuheben und nicht jedes einzelne Souvenir.

Wenn du Erinnerungen an andere Leute mit einem Gegenstand verbindest, dann sammle alle Gegenstände, die dich an bestimmte Leute erinnern und hebe pro Person nur einen auf, der Rest kann auch weg. Wenn etwas, das dich an jemanden erinnert, die ganze Zeit nur in der hinteren Ecke des

Schranks oder des Kellers liegt, dann ist es wahrscheinlich trotzdem unwichtig.

Diese Methode des Ausmistens hilft auch sehr bei Kleidung und Schuhen. Hast du etwas ein Jahr lang nicht getragen? Dann kannst du dich getrost davon trennen (das Hochzeitskleid darfst du natürlich behalten).

Die Trennung von Dingen kann manchmal schmerzhaft sein, aber am Ende wirst du ein sehr befreiendes Gefühl erleben, wenn die gepackten Taschen vor der Tür stehen und alle Schränke förmlich aufatmen.

Der nächste Schritt weg vom Materialismus ist die Reduzierung des Konsums. Das kann auch nicht immer leicht sein. Shoppen ist doch etwas Schönes, vor allem wenn man dabei Rabattware ergattert. Also geh im Laden genauso vor, wie beim Ausmisten daheim: frag dich, ob du diesen Gegenstand tatsächlich benötigen wirst oder ob er nur ein weiterer unter vielen sein wird. Manchmal kann es schwer sein, diese Frage zu beantworten, dafür empfehlen wir, erst mal den Gegenstand zurück ins Ladenregal zu stellen und für eine halbe Stunde woanders hin zu gehen. Dadurch gewinnst du Abstand und kannst dir klarere Gedanken darüber machen, ob du den Kauf nun tätigen willst oder nicht. Du wirst merken, dass du oft nicht mehr zurück gehst. Gratulation, damit hast du den nächsten unnötigen Kauf vermieden und deinen Geldbeutel geschont. Versuche, unter deinen Verhältnissen zu leben und wesentlich weniger Geld auszugeben, als du könntest. Du wirst feststellen, dass du eigentlich gar nicht so viel benötigst. Wenn du die Regel vereinfachen willst, kannst du dich schlicht daran halten, dass für jeden gekauften Gegenstand ein anderer aus dem Haus verschwinden muss. So vergrößerst du deinen Besitz nicht, sondern wechselst ihn nur aus.

Gehe auch mal alle Kundenkarten in deinem Geldbeutel durch. Brauchst du alle? Sind diese Kundenkarten auch sinnvoll, oder ist der Bonus, den du damit bekommen kannst, nur etwas, das du eh schon besitzt.

Und wenn wir hier von Gegenständen schreiben, meinen wir nicht nur die Sachen, die Schränke und Regale füllen, sondern auch die Möbel selbst. Wenn du den Kleiderschrank richtig ausmistest, kann es sein, dass du auf einmal ein Modell brauchen wirst, dass nur noch halb so groß ist. Das Gleiche gilt fürs Regal. Dekorationen sind ein spezieller Fall. Wirf alles weg, was abgestaubt werden muss. Stattdessen kannst du Fotos von vergangenen Events und Urlauben in großem Format drucken lassen und an den Wänden aufhängen. Fotos sind noch bessere Erinnerungsgegenstände, als Souvenire, brauchen kaum Platz und müssen nicht abgestaubt werden.

Es gibt trotzdem viele Dinge, die man tatsächlich braucht. Aber auch damit kannst du Minimalismus praktizieren, indem du gebrauchte Dinge kaufst, anstatt neue. Oft kannst du damit Geld sparen und erhältst gut erhaltene Gegenstände zu Schnäppchenpreisen. Das schont nicht nur den Geldbeutel, sondern auch die Umwelt. Es ist viel umweltschädlicher, die Produktion von Dingen zu unterstützen statt nur ihren Gebrauch. Und wo wir schon von alten Dingen reden, benutze deine Sachen, bis Sie kaputtgehen. Es gibt keinen Grund, alle zwei Jahre ein neues Handy zu kaufen und alle fünf Jahre ein neues Auto. Wenn du deinen Besitz gut behandelst, wirst Sie absolut keinen Grund haben, ständig Dinge zu ersetzen.

Vom Kauf gebrauchter Dinge geht es aber noch einen Schritt weiter zum Leihen und Mieten. Wenn du in der Stadt lebst, kann es sein, dass es günstiger wäre, das Auto zu verkaufen und sich stattdessen beim örtlichen Carsharing anzumelden. Vergiss auch nicht klassische Leihangebote wie die Bücherei. Wer keine Leseratte ist, kann hier trotzdem Filme, Zeitungen, Magazine und CDs in Hülle und Fülle finden. Und das Ganze für einen spottbilligen Jahresbeitrag.

Du kannst auch etwas kaufen, das dein Leben schließlich minimalistischer machen wird. Ja, in diesem Fall raten wir sogar zum Kauf. Ein einfaches Beispiel ist Wasser: anstatt das Wasser im Supermarkt zu kaufen, kannst du getrost auch Leitungswasser trinken. Kaufe dir statt der Einwegflaschen eine gute Flasche im nächsten Sportladen. Sie kostet 10 bis 15 Euro, aber wird dich über das nächste

Jahrzehnt hinweg mit Leitungswasser gefüllt begleiten und ist somit viel billiger und umweltfreundlicher.

Du kannst Verzicht auch üben, indem du kurze Strecken zu Fuß gehst, statt mit dem Auto zu fahren. Du schonst nicht nur Geldbeutel und Umwelt, sondern du kannst beim Laufen auch viel besser abschalten und du hältst sich fit.

Kapitel 3: Wohnraum:

Gross genug oder zu gross

Wenn das Haus oder die Wohnung endlich entrümpelt ist, kannst du gerne auch einen großen Schritt weitergehen und dich einmal umschauen und fragen, ob du eigentlich einen so großen Wohnraum brauchst. Wenn weniger Möbel und weniger Dekoration vorhanden sind, kann ein Zimmer auf einmal viel größer wirken.

Sich eine kleinere Wohnung oder ein kleineres Haus zu suchen, kann für die meisten Leute sehr extrem klingen. Aber mach doch selbst mal die Rechnung: eine kleinere Wohnung ist oft billiger, oder wenn man den Preis beibehält, kann man sich eine Wohnung in der Stadtmitte statt am Rand leisten. Wenn die Ratenzahlungen oder die Miete geringer ausfallen, kannst du den Kredit früher abbezahlen oder auf einmal viel mehr Geld am Ende des Monats aufs Sparbuch überweisen. Ein kleinerer Wohnraum bedeutet auch, dass die Nebenkosten günstiger sind, du verschwendest weniger Zeit und Geld mit Putzen und beim Renovieren usw.

Nun überlege dir wieder, was wäre, wenn du all dieses Geld, das momentan in die Wohnung fließt, woanders zur Verfügung hättest.

Kapitel 4: Mach einen Test

Wenn du immer noch nicht weißt, ob Minimalismus etwas für dich sein kann, dann teste ihn einfach.

Geh in den Urlaub und nimm nur genauso viel mit, wie du brauchst. Anstatt Hotelurlaub empfiehlt sich hier eher das Campen, Rucksackwandern oder Radwandern. Du glaubst gar nicht, wie viel in einen Rucksack passt und dass das alles genug sein kann, um über die Runden zu kommen. Ein paar Stücke Kleidung, notwendige Toilettenartikel und Geld, Foto und Handy sind schon genug.

Aber selbst wenn du es etwas luxuriöser im Hotelurlaub auf einer Insel magst: vergleiche deinen Kofferinhalt mit dem Inhalt deiner Schränke.

Lass alle Drogerieartikel weg, die sich daheim ansammeln und nimm nur Zahnputzzeug und Deo und Shampoo mit, benutze keine 20 T-Shirts, sondern nur drei usw.

Du wirst schnell merken, dass dies einen Verzicht darstellt, aber dass du sehr gut damit klarkommen kannst. Geh nach der Rückkehr nach Hause deine Schränke durch: Was ist nun alles nötig und was nicht? Du wirst außerdem im Urlaub gelernt haben, wie man die einfachen Dinge mehr wertschätzt. So ist es zum Beispiel nicht selbstverständlich, überall Elektrizität und heißes Wasser zur Verfügung zu haben. Oder gar Handyempfang und W-Lan!

Wie schon gesagt, musst du auch nicht das ganze Leben auf den Minimalismus ausrichten. Es reicht schon, wenn du einen kleinen Anfang machst und alles gründlich ausmistest.

Kapitel 5: Digitaler Minimalismus

Minimalismus hat nicht nur mit materiellen Dingen zu tun, sondern auch mit den virtuellen. Überleg dir einmal, wie viele Konten du bei verschiedenen sozialen Medien usw. hast. Wie viele Newsletter hast du abonniert?

Ist das alles nötig?

Melde dich bei allen Newslettern ab, die du nicht liest. Geh deine Konten bei sozialen Medien durch und trenne dich beherzt von allem, das du nicht regelmäßig nutzt.

Nun nimm dir die Konten vor, die du behalten hast und gehen alle Freundeslisten durch und miste dort aus. Wenn du online fertig bist, schau dir die Festplatte deines PCs und des Smartphones durch und entsorge von dort alles, was nicht mehr benötigt wird und defragmentiere am Ende die Festplatte. Das kann dein Gerät auch ganz schön beschleunigen.

Nun überleg die mal, wie viel Zeit du täglich online verbringst und was du in der Zeit sonst alles tun könntest. Und wie ist dein Smartphone eingestellt? Bist du damit immer online und erreichbar? Ist das nötig?

Eine sehr gute Idee wäre das Ausschalten des Smartphones jeden Abend um acht oder neun Uhr. Gönnen dir die Stille!

Auch der Fernseher ist ein Dauerbrenner unter den Dingen, die uns Zeit kosten. Wie oben schon erwähnt, besitzen Minimalisten meist keinen Fernseher, weil sie lieber lesen oder Zeit mit anderen Leuten verbringen.

Wenn das zu extrem für dich klingt, kannst du auch klein anfangen, indem du aktiv etwas auswählst, das du ansehen willst, anstatt einfach nur herumzuzappen.

Übe auch mal aktiven Verzicht. Gönn dir eine Auszeit von allen digitalen Dingen. Du kannst zum Beispiel in der Natur wandern gehen, wo es keinen Handyempfang gibt oder schalte für einen Tag lang alles aus oder zumindest auf Flugmodus.

Lebe auch bewusster! Leg alle digitalen Geräte beim Essen beiseite und ignorier sie. Drei Mahlzeiten lang bekommst du so jeden Tag eine Pause vom Stress. Iss bewusster! Dadurch wirst du mehr Geschmack erleben und auch gesünder leben.

Was wir dir am meisten empfehlen können, ist das Wandern oder Radfahren (Tagestouren oder auch längere Touren). Wenn du alles hinter sich lässt und nur einen Rucksack packst, dann kannst du dich von vielem Ballast befreien.

Was wir oft beim Ausmisten vernachlässigen, ist unser Gehirn. Es sammeln sich Unmengen an Gedanken und unverarbeiteten Dingen im Kopf an, die uns oft belasten und schlaflose Nächte bereiten. Wenn du dich draußen körperlich betätigst und keine Ablenkung besteht, kannst du deinen Gedanken freien Lauf lassen. Das kann am Anfang sehr anstrengend sein, da der Kopf auf Hochtouren arbeitet, aber wenn da oben alles aufgeräumt ist, wirst du eine wunderbare Leere im Kopf erleben, die befreiend wirkt. Du wirst sehr gestärkt in den Alltag zurückkehren und eine viel positivere Einstellung haben, als normal.

Kapitel 6: Gewinn Zeit

Fürs Leben

Du merkst, dass wir viel übers Geld sparen gesprochen haben. Nun, was macht man mit Geld? Man spart es oder gibt es aus.

Das Ziel des Minimalismus ist es aber nicht, reich zu werden, sondern das Leben zu vereinfachen.

Wenn du weniger Geld brauchst, dann überleg dir nun einmal, ob du ein Sabbatical einlegen willst, um mit dem Rucksack um die Welt zu reisen. Du kannst auch zu deinem Chef gehen und darüber verhandeln, deine Arbeitsstelle auf Teilzeit zu verringern. Wenn du weniger Geld brauchst, kann es sein, dass dir ab sofort nur noch 4

Arbeitstage oder weniger pro Woche genügen. Überleg dir, was wäre, wenn jedes Wochenende ein langes Wochenende wäre!

Wenn das nicht möglich ist, kannst du auch statt der nächsten Gehaltserhöhung Stunden abbauen, auf Überstunden verzichten oder unbezahlten Urlaub nehmen. Wenn du diplomatisch mit deinem Chef umgehst, ist sehr vieles möglich.

Findest du, dass das der Karriere schadet?

Das kann gut möglich sein, aber hast du dir schon mal überlegt, was du mit der Karriere anfangen willst? Brauchst du die Firma oder braucht die Firma dich? Wird dir für all die Arbeit und die Überstunden eigentlich gedankt?

Lebe nicht nach dem Motto „Leben um zu arbeiten", sondern „Arbeiten um zu leben".

Wenn dein Chef kein Verständnis für solche Sachen hat, dann such dir einfach einen anderen Arbeitgeber. Du wirst überrascht sein, wenn du feststellen wirst, wie viele Arbeitgeber deine Suche nach einer besseren Work-Life-Balance verstehen. Moderne Firmen und Abteilungsleiter haben oft erkannt, dass ein Mitarbeiter mit einer vier Tage langen Arbeitswoche und langen Wochenenden viel entspannter und somit leistungsfähiger ist.

Es kann sein, dass der Weg zu mehr Freizeit lange und beschwerlich ist, aber gib nicht auf, denn er ist es wert!

Machen einfach die Rechnung, wie viel Geld du zum Leben brauchst und wie viel du dafür arbeiten musst. Und verlier nie das Ziel aus den Augen!

Und was tun mit der gewonnenen Zeit?

Du kannst mehr Sport treiben (und so nicht nur fitter werden, sondern auch abnehmen), du kannst mehr Zeit mit Familie und Freunden verbringen und so weiter und so fort.

Wenn du Kinder hast, kannst du ab sofort die Kita an einem Tag der Woche streichen (was wieder Geld spart) und stattdessen mit ihnen etwas unternehmen. Oder du verwendest die gewonnene Zeit nur allein für dich. Gönn dir einen Tag pro Woche Auszeit vom Leben! Kein Stress, keine Verabredungen, kein Druck.

Mach dir Gedanken darüber, wovon du schon immer geträumt hast. Nun kannst du diesen Traum, oder einen Teil davon, vielleicht realisieren.

Anstatt die Arbeitszeit zu reduzieren, wollen manche einfach einen anderen Job, bei dem man vielleicht weniger verdient, aber mehr

Spaß hat. Vielleicht gehörst du zu den Leuten, die das Büro hassen und ständig neidisch auf die Gärtner schauen. Vielleicht ist es dann an der Zeit, sich beruflich umzuorientieren.

Mit dem gewonnenen Geld, das du nicht mehr brauchst, kannst du auch nochmal studieren. Schau dich mal an Universitäten und Fachhochschulen um: es gibt viele Studenten, die nicht mehr ganz so jung sind. Selbst graue Haare befinden sich im Hörsaal!

Wage den Schritt in ein neues Leben, denn nun weißt du, wie du mit wenig Geld sehr viel erreichen kannst.

SCHLUSSWORT

Der Minimalismus ist vielleicht noch ein neuartiger Lebensstil, der in einer Ecke vor sich hinschlummert, aber immer mehr Leute haben erkannt, dass in der heutigen Gesellschaft die Einfachheit fehlt. Dabei wird niemand gezwungen, so zu leben, es ist immer unsere persönliche Entscheidung. Wenn du also mit einem stressigen Leben voller unnötiger Dinge nicht zufrieden bist, wage den Schritt zum Minimalismus. Du wirst anfangs vielleicht seltsame Blicke ernten, aber wart ab! Bald werden die Blicke neidisch, versprochen.

Interessieren Sie sich für das Thema Cryptocurrencies und Bitcoins? Das Thema, das gerade in aller Munde ist? Wenn Sie mehr darüber und über das Investieren in

Cryptocurrencies lernen möchten, dann laden Sie sich diesen kostenlosen Bonus runter:

IMPRESSUM

Text: Copyright © 2018 by ALI KALAI TLEMCANI

Impressum:

ALI KALAI TLEMCANI

1 Complexe El hassani Immeuble Amal 2

90000 TANGIER

Marokko

Alle Rechte vorbehalten.

Nachdruck oder Kopieren, auch auszugsweise, ist ohne Erlaubnis des Autors nicht gestattet.

Cover-Foto: © Pablo Scapinachis/

www.shutterstock.com

Wichtiger Hinweis:

Die in diesem Buch enthaltenen Informationen dienen ausschließlich informativen Zwecken und dürfen unter keinen Umständen als Ersatz für eine professionelle Beratung oder Behandlung durch ausgebildete und anerkannte Ärzte angesehen werden. Diese beinhalten keinerlei Empfehlungen bezüglich bestimmter Diagnose- oder Therapieverfahren. Die Inhalte dürfen niemals als eine Aufforderung zur Selbstbehandlung oder als Grundlage für Selbstdiagnosen und -medikation verstanden werden. Die Informationen spiegeln lediglich die Meinung des Autors wieder. Der Autor übernimmt für die Art oder Richtigkeit der Inhalte keine Garantie, weder ausdrücklich noch impliziert.

Sollten Inhalte des Buches gegen geltendes Recht verstoßen, dann bittet der Autor um umgehende Benachrichtigung. Die betreffenden Inhalte werden dann umgehend entfernt oder geändert.

Haftung für Links

Das Buch enthält Links zu externen Webseiten Dritter, auf deren Inhalte wir keinen Einfluss haben. Deshalb können wir für diese fremden Inhalte keine Gewähr übernehmen. Für die Inhalte der verlinkten Seiten ist stets der jeweilige Anbieter oder Betreiber der Seiten verantwortlich. Die verlinkten Seiten wurden zum Zeitpunkt der Verlinkung auf mögliche Rechtsverstöße überprüft. Rechtswidrige Inhalte waren zum Zeitpunkt der Verlinkung nicht erkennbar. Eine permanente inhaltliche Kontrolle der verlinkten Seiten ist jedoch ohne konkrete

Anhaltspunkte einer Rechtsverletzung nicht zumutbar. Bei Bekanntwerden von Rechtsverletzungen werden wir derartige Links umgehend entfernen.

www.ingramcontent.com/pod-product-compliance
Lightning Source LLC
Chambersburg PA
CBHW061232180526
45170CB00003B/1258